555 Herzens-Wünsche & Stern-Stunden

Carin Reiterer   Carin Reiterer Verlag

Bibliografische Information Der Deutschen Bibliothek

Die Deutsche Bibliothek verzeichnet diese Publikation
in der Deutschen Nationalbibliografie; detaillierte
bibliografische Daten sind im Internet über
http://dnb.ddb.de abrufbar.

Originalausgabe
Copyright © 2006 by Carin Reiterer
Umschlaggestaltung: Carin Reiterer
Satz: Carin Reiterer
Printed in Germany
ISBN 3-9807755-0-X
ISBN 978-3-9807755-0-2
Herstellung: Books on Demand GmbH, Norderstedt

2. Teilband:
155 Stern-Stunden

- 5 Spiegel-Bilder
- 45 Trümmer-Herzen
- 50 Engel-Gedanken
- 55 Blumen-Grüße

Ich gebe gar nicht so gerne
große Erklärungen über mich ab-
ich hoffe vielmehr, dass
meine Gedichte und Geschichten
für sich selbst sprechen...

5 Spiegel-Bilder

5 Kurzgeschichten
zwischen
Dichtung
und
Wahrheit
-eingefangen in
 5 Spiegel-Bildern...

I

JAHRES-SPIEGEL

Frühling-

das Leben erwacht.

Jeden Tag geschehen neue Wunder.

Es ist die einzige unbeschwerte Zeit des

Jahres, ohne Ahnung von Vergänglichkeit.

Sommer-

das Leben steht in voller Blüte.

Man mag sich nicht vorstellen, dass es je

enden könnte.

Und doch liegt schon manchmal eine erste

Ahnung des nahenden Herbstes in der Luft.

Herbst-

alles wird welk.

Die Bäume lassen ihre Blätter fallen, die Tiere

suchen sich eine Zuflucht für den Winter.

Und doch gibt es so viel Hoffnung, denn oft

ist noch ein Hauch des vergangenen Sommers

in den Herzen.

Winter-

der Kreis schließt sich.

Die Natur erstarrt unter Schnee und Eis,

doch auch das geschieht ohne Melancholie.

Selbst der längste Winter hat ein Ende,

und es wird immer wieder einen neuen

Frühling geben.

Das ist der Lauf der Dinge...

II

SEELEN-SPIEGEL

Sie hält eine Fotografie in ihren Händen, als man sie findet.

Sie umklammert diese Fotografie mit aller Gewalt, so dass es nicht möglich ist, ihre Finger davon zu lösen.

Niemand kennt den Mann auf der Fotografie, was natürlich einige Fragen aufwirft.

Doch es gibt Geheimnisse, die man mit ins Grab nimmt...

Es ist ein heißer Sommertag.

Auch ohne Gewitter kann ein Blitz einschlagen.

Ein Blick in seine Augen- schon ist es um sie geschehen.

Sie weiß, dass diese Begegnung ihr Leben verändern wird.

Was sie nicht weiß, ist, dass in der Tat bereits in diesem Augenblick das Schicksal beider besiegelt ist.

Doch zunächst lässt sie alles auf sich zukommen.

Und tatsächlich- ihre Liebe stößt auf Gegenliebe.

Das ist einigermaßen erstaunlich, denn die beiden, die sich auf den ersten Blick ineinander verlieben, scheinen auf den ersten Blick gar nicht zueinander zu passen.

Aber fragt Liebe danach?

Sie schwebt auf Wolken.

Ihr fällt zwar auf, dass diesem Mann von Anfang an eine gewisse Traurigkeit eigen ist- warum dies der Fall ist, kann sie jedoch nicht erahnen.

Wie sollte sie auch?

Vielleicht hätte seine Melancholie ihr zu denken geben müssen- doch sie ist zu euphorisch, um sich ernsthafte Sorgen zu machen.

Sie sieht vielmehr eine rosige Zukunft vor sich mit allem, was sie sich jemals erträumt hat.

Seine Zurückhaltung hält sie für Schüchternheit, die sich bald legen wird.

Das ist jedoch nicht der Fall- im Gegenteil, es wird immer offensichtlicher, dass etwas nicht stimmt.

Je mehr sie für ihn empfindet, desto mehr distanziert er sich von ihr.

Sie kann sich keinen Reim darauf machen.

Ich muss mich von ihr fernhalten- auch wenn
ihr das wehtut.
Ich habe es schon viel zu weit kommen lassen.
Wird sie das verstehen?

Immer, wenn ich ihm vermeintlich ein kleines
Stück näher gekommen bin, zieht er sich wieder
zurück.
Ich verstehe das nicht.

Ich möchte nicht, dass sie alles erfährt.
Lieber verschwinde ich spurlos, als ihr zu
sagen, dass ich nicht der starke Mann bin,
für den sie mich hält.
Diese Enttäuschung möchte ich ihr ersparen.

Ich will endlich wissen, was mit ihm los ist.
Ich habe eine Erklärung verdient.
Er muss doch wissen, dass er mir alles sagen kann.

Wann sie von seiner Krankheit erfährt, lässt sich im Nachhinein nicht mehr feststellen. Fest steht nur, dass die Krankheit auf einmal da ist, unauslöschlich, ein Teil des Lebens beider.

Hoffentlich ahnt sie nicht das ganze Ausmaß der Krankheit.
Das wäre mir unangenehm.

Jetzt weiß ich alles.
Nun verstehe ich seine Zurückhaltung viel besser- geboren aus der Angst, sich offenbaren zu müssen und möglicherweise zurückgewiesen zu werden.

Ich fürchte, dass sie trotzdem bei mir bleiben will.
Doch ich möchte ihre Illusion nicht zerstören.
Das würde alles nur noch schlimmer machen, als es ohnehin schon ist.

Ich liebe ihn trotz der Krankheit- obwohl ich das alles erst einmal verarbeiten muss.

Hoffentlich geht er nicht.

Wenn sie wüsste, dass die Krankheit unheilbar ist...

Hätte sie dann Mitleid mit mir?

Das könnte ich nicht ertragen.

Habe ich Mitleid mit ihm?

Auf eine gewisse Art und Weise habe ich natürlich Mitleid wegen all der Schmerzen, die er erlitten hat und vermutlich noch erleiden wird.

Aber Mitleid ist nicht mein Motiv, bei ihm zu bleiben.

Das würde er nicht wollen.

Ich würde ihm damit keinen Gefallen tun.

Sie glaubt, mich nicht verlassen zu dürfen,

weil sie es nicht mit ihrem Gewissen vereinbaren

kann, einen kranken Menschen im Stich zu lassen.

Nur deshalb bleibt sie bei mir.

An meinen Gefühlen hat sich nichts geändert.

Sie sind höchstens noch stärker geworden- aus

Bewunderung für ihn, überhaupt mit dieser

Krankheit zu leben und sich nicht aufzugeben.

Ich bin nicht in der Lage, Hilfe von ihr

anzunehmen.

Ich muss sie auch vor sich selbst schützen.

Ich darf nicht zulassen, dass sie mit offenen

Augen in ihr Unglück rennt.

Ich möchte ihm so gerne helfen.

Vielleicht finden wir gemeinsam einen Weg,

mit der Situation umzugehen.

Er ist verzweifelt.

Wie kann er ihr nur begreiflich machen,

dass sie ohne ihn ein glücklicheres Leben

führen wird als mit ihm?

Mit einem gesunden Mann, mit gesunden

Kindern?

Dass es für ihre Liebe keine Zukunft gibt?

Dass sie mehr Glück verdient?

Wie?

Sie ist verzweifelt.

Wie kann sie ihm nur begreiflich machen,

dass sie mit der Krankheit wird leben können?

Dass ihre Liebe daran nicht zerbrechen wird?

Dass sie immer für ihn da sein wird?

Wie?

Warum lässt sie mich nicht einfach in Ruhe?

Ich kann ihr keine Zukunft bieten.

Sie kann auch ohne mich leben.

Ich kann ihn nicht aufgeben.

Er bedeutet mir viel zu viel.

So langsam reicht es mir.

Warum begreift sie nicht endlich, dass es besser

wäre, die Finger voneinander zu lassen?

Ich bin nicht bereit, die Krankheit als

Trennungsgrund zu akzeptieren.

Ich hoffe, dass es eine Zukunft für uns

geben wird.

Ich bringe es nicht über das Herz, sie

unglücklich zu machen.

Es wäre egoistisch, ihr diese Last aufzubürden.

Sie würde daran zerbrechen.

Unsere Zukunft ist zu ungewiss, als dass wir

Pläne schmieden könnten.

Es gibt nur eine große Liebe im Leben.
Wenn ich ihn verliere, wird es mir nicht
möglich sein, einen anderen Mann zu lieben.
Ich werde ihn niemals vergessen.

Ihre ganze Liebe kann ihn nicht aufhalten.
Er geht und kommt nicht mehr zurück.
Sie sehen sich niemals wieder.

Doch sie können einander nicht vergessen.
Es ist nicht möglich, die Erinnerung auszulöschen-
sosehr sie sich auch bemühen.
Sie finden nicht mehr in ihr voriges Leben zurück-
es hat sich zu sehr verändert.
Unabhängig voneinander steuern beide auf
ein Desaster zu.
Alles stürzt zusammen, alles endet in einer
großen Katastrophe...

Er hält eine Fotografie in seinen Händen, als man ihn findet.

Er umklammert diese Fotografie mit aller Gewalt, so dass es nicht möglich ist, seine Finger davon zu lösen.

Niemand kennt die Frau auf der Fotografie, was natürlich einige Fragen aufwirft.

Doch es gibt Geheimnisse, die man mit ins Grab nimmt...

III

SPIEGEL-GESICHTER

Ich gehe meines Weges.

Plötzlich steht ein kleines Mädchen vor mir.

"Was hast du aus deinem Leben gemacht?",

fragt es mich unvermittelt.

"Hast du deine Talente, die dir geschenkt

wurden, gepflegt und weiterentwickelt?

Hast du das Bestmögliche aus dir gemacht?

Lebst du deine Kinderträume?

Machst du das, was du schon immer machen

wolltest?"

Ich zucke zusammen, irgendwie peinlich berührt.

"Nein...ich...ja...also...", antworte ich mit

rotem Kopf.

"Siehst du?", sagt es triumphierend.

"Ich habe es gewusst.

Nichts hast du getan.

Du lässt dich durch das Leben treiben.

Deine Möglichkeiten hast du nicht genutzt.

Du solltest dich schämen!"

Und das kleine Mädchen verschwindet so plötzlich,

wie es gekommen ist.

Ich gehe meines Weges.

Plötzlich steht eine junge Frau vor mir.

"Was machst du aus deinem Leben?",

fragt sie mich unvermittelt.

"Lebst du so sinnvoll wie möglich?

Kannst du dir selbst in die Augen schauen?

Erlebst du jeden Moment bewusst?

Kannst du guten Gewissens mit dir leben?"

Ich zucke zusammen, irgendwie peinlich berührt.

"Nein...ich...ja...also...", antworte ich mit

rotem Kopf.

"Siehst du?", sagt sie triumphierend.

"Ich habe es gewusst.

Wach endlich auf!

Noch ist es nicht zu spät.

Man muss sich immer weiterentwickeln, aber du

trittst nur auf der Stelle.

Streng dich endlich an!"

Und die junge Frau verschwindet so plötzlich,

wie sie gekommen ist.

Ich gehe meines Weges.

Plötzlich steht eine alte Frau vor mir.

"Was wirst du aus deinem Leben machen?",

fragt sie mich unvermittelt.

"Hast du vor, es sinnlos verstreichen zu lassen?

Lebst du in den Tag hinein?

Schlägst du die Zeit tot mit Unnützem?

Verschließt du die Augen vor Unbequemem?"

Ich zucke zusammen, irgendwie peinlich berührt.

"Nein...ich...ja...also...", antworte ich mit

rotem Kopf.

"Siehst du?", sagt sie triumphierend.

"Ich habe es gewusst.

Du wirst noch viel lernen müssen, und dein Leben

wird nicht immer einfach sein.

Doch du wirst deinen eigenen Weg gehen,

so schwer er auch sein mag.

Du darfst nur nie den Mut verlieren.

Ich wünsche dir viel Glück!"

Und die alte Frau verschwindet so plötzlich,

wie sie gekommen ist.

Ich gehe nach Hause und blicke in den Spiegel.
Ich erkenne das kleine Mädchen, die junge Frau und die alte Frau in meinem Gesicht.

IV

MEERES-SPIEGEL

Eine Frau und ein Mann lernen sich kennen und lieben.
Die Frau hat einen geheimnisvollen Glanz in den Augen.
Sie lebt im Meer und liebt dieses Leben über alles.
Ihre Nichtgreifbarkeit fasziniert den Mann.
Er bittet sie, zu ihm an Land zu kommen.

"Komm mit mir an Land.
Ich kann dir mehr bieten, als du dir jemals erträumt hast.
Du wirst nie mehr ins Meer zurückkehren wollen.
Du kannst mit mir ein neues Leben beginnen, das aufregend und spannend sein wird.
Bald wirst du das Meer vergessen haben."

"Ich weiß nicht, ob es richtig wäre, das Meer zu verlassen.

Ich war hier immer glücklich und zufrieden.

An Land wäre alles fremd und neu.

Ich weiß nicht, ob ich das schaffe."

"Ich helfe dir über die Anfangsschwierigkeiten hinweg.

Du wirst dich schneller an alles gewöhnen, als du dir jetzt vorstellen kannst.

Hab keine Angst.

Ich bin ja bei dir."

Aus Liebe tut sie ihm den Gefallen.

"Ich werde es versuchen.

Ich möchte dir aber nichts versprechen, damit du nicht zu enttäuscht bist, wenn es nicht gut geht."

"Du wirst es nicht bereuen.

Es wird dir nichts geschehen.

Vertrau mir."

"Weil ich dich liebe, gehe ich mit dir.

Ich vertraue dir."

Erstaunlicherweise lebt sie sich recht schnell ein.

Alles ist aufregend und spannend, fremd und neu.

Aber mit der Zeit vermisst sie das Meer immer

mehr.

Sie hat keine Freude mehr an ihrem neuen Leben.

Sie kann an nichts anderes mehr denken als an

ihre Heimat.

"Ich habe Angst, ohne das Meer zu sterben.

Aber ohne dich will ich auch nicht mehr leben.

Ich habe mich zu sehr an dich gewöhnt."

"Es wäre viel zu früh, jetzt aufzugeben.

Warte nur ab, bald wird es dir wieder

besser gehen.

Dein Heimweh ist ganz normal.

Das wird vergehen."

"Ich möchte uns auf keinen Fall aufgeben.

Ich hänge viel zu sehr an dir.

Ich hoffe, dass uns nichts trennen kann."

Sie glaubt an ihre Liebe.

Doch sie ahnt, dass diese Liebe sie zerstören

wird.

Ihr geht es zusehends schlechter.

Auch der Mann sieht, dass die Frau an Land

bald sterben wird.

Ihre Augen haben ihren geheimnisvollen Glanz

verloren.

"Ich fühle mich schlechter und schlechter.
Ich weiß nicht, ob es mein Heimweh ist.
Ich fühle eine Sehnsucht und Traurigkeit
in mir, die ich nicht beschreiben kann."

"Das Landleben bekommt dir nicht.
All deine Freude ist verschwunden.
Es ist nur noch Trauer geblieben.
Ich mache mir große Sorgen um dich."

"Lass uns noch einmal abwarten.
Vielleicht wird es ja doch noch besser.
So schnell gebe ich nicht auf."

Sie hoffen, dass Sehnsucht und Traurigkeit
mit der Zeit vergehen.
Das ist jedoch nicht der Fall.
Im Gegenteil, ihr Zustand verschlechtert
sich weiterhin Besorgnis erregend.

Der Mann gibt die Frau schweren Herzens frei und lässt sie ins Meer zurückkehren.
Er sieht sie noch untertauchen und weiß, dass sie nur dort überleben kann.

V

(SP)I(E)GEL-GESCHICHTEN

Es ist Frühling.

Auf einer Wiese sitzt ein kleiner Igel.

Er hat eine rote Nase und ganz viele Stacheln.

Seit Tagen verspürt er eine innere Unruhe.

Nun hat er sich auf den Weg gemacht, um seine unbestimmte Sehnsucht erfüllt zu finden.

Blumen duften, und die alten Bäume tragen ein wunderschönes Blütenkleid.

Ein Bach rauscht, Vögel zwitschern, und der kleine Igel läuft über die blühende Wiese.

Die ersten Sonnenstrahlen wärmen ihn.

Er könnte so glücklich sein, aber...

etwas fehlt ihm.

Aber kaum, dass er darüber nachdenken kann, ist er auch schon eingeschlafen.

Es ist Sommer.

Der kleine Igel sitzt am Strand und beobachtet

die vielen Kinder, die ihre Sandburgen bauen.

Manchmal wagt er sich ein ganz kleines Stück

ins Meer und spielt im glitzernden Wasser.

Wellen rauschen, die Sonne steht hoch am Himmel

und trocknet den kleinen Igel.

Er könnte so glücklich sein, aber...

etwas fehlt ihm.

Aber kaum, dass er darüber nachdenken kann,

ist er auch schon eingeschlafen.

Es ist Herbst.

Der kleine Igel sitzt auf seiner Lieblingswiese

und spielt mit dem bunten Laub und den Kastanien,

die überall im Gras verstreut liegen.

Er beobachtet ein paar Kinder, die einen Drachen

steigen lassen.

Lustig flattert er im Herbstwind.

Als es zu regnen beginnt, rollt sich der kleine Igel

zusammen.

Er könnte so glücklich sein, aber...

etwas fehlt ihm.

Aber kaum, dass er darüber nachdenken kann,

ist er auch schon eingeschlafen.

Es ist Winter.

Der kleine Igel hält seinen Winterschlaf.

Zusammengerollt verschläft er Schnee und Eis.

Wieder ist es Frühling.

Der kleine Igel ist aus seinem Winterschlaf erwacht.

Noch etwas verschlafen erreicht er seine Lieblingswiese, die wieder in den schönsten Farben erblüht.

Auf der Wiese sitzt ein zweiter kleiner Igel.

Er hat eine rote Nase und ganz viele Stacheln.

"Möchtest du mein Freund sein?",

fragt der fremde kleine Igel.

Plötzlich wird der kleine Igel hellwach.

Und nun weiß der kleine Igel, was er gesucht hat.

I	JAHRES-SPIEGEL
II	SEELEN-SPIEGEL
III	SPIEGEL-GESICHTER
IV	MEERES-SPIEGEL
V	(SP)I(E)GEL-GESCHICHTEN

45 Trümmer-Herzen

45 Momente und Gedanken
meines Lebens-
45 lustige und traurige Begebenheiten,
eingefangen in
45 Gedichten und Kurzgeschichten...

Trümmer

Wenn du
vor
den Trümmern
deines Lebens
stehst
such
nach
einem Stück
das
unversehrt
geblieben
ist
für
einen neuen Anfang

Sinnlos

Wie
soll
das
einen Sinn
ergeben
ich
kann
nicht
mit dir
und
nicht
ohne dich
leben

Sinnvoll

Der Sinn
des Lebens
ist
die Liebe

Der Sinn
meines Lebens
ist
dich zu lieben

Meine ganze Welt

Meine ganze Welt
dreht sich
nur
um
dich

Wohin, woher, woher, wohin

Wohin
woher
woher
wohin
du
gehst
mir
nicht
mehr
aus
dem
Sinn

Gar nicht

Ich weiß
gar nicht
wie mir
geschieht
ich glaube
ich habe
mich in dich
verliebt

Noch mehr

Was
willst
du
denn
noch
mehr
ich
liebe
dich
und
zwar
sehr

Paradox

Ich wünschte
du wärst
nah
bei mir
und
schicke dich
doch
fort
von hier

So oft

So oft
vergriffen
so oft
vertan
so oft
enttäuscht
so oft
allein
-Wird
 es
 diesmal
 anders
 sein?

Zeichen der Zeit

Lernen
die Zeichen der Zeit
zu erkennen
lernen
mich von dir
zu trennen
lernen
mich nicht mehr
zu verrennen
lernen
die Zeichen der Zeit
zu erkennen

Letzten Endes

Lernen
etwas
zu riskieren
lernen
etwas
zu probieren
lernen
zu akzeptieren
letzten Endes
auch
dich
zu verlieren

Phänomenal

Wie
kann
es
sein,
dass
ich
alles
für
dich
geschrieben
habe,
ohne
dich
gekannt
zu
haben?

Wie sehr

Wie sehr
muss
ich
dich
lieben
denn
ohne es
zu wissen
habe
ich
alles
für
dich
geschrieben

Sterne

Wenn
du
mich
in
deine
Arme
nimmst
sehe
ich
Sterne

Wind und Stürme

Lass
mich
der Wind
sein
der
dich
durch
die Stürme
deines Lebens
trägt

Meine Seele

Meine Seele
ist
leer
denn
du
berührst
mich
nicht mehr

Du bist fort

Du
bist
fort
...und
  Nacht
  ist
  in
  meiner
  Seele

Aus und vorbei

Ab
heute
bist
du
mir
einerlei
denn
mit
uns
ist
es
aus
und
vorbei

Deine Liebe

Noch
einmal
deine
Liebe
spüren
nur
noch
ein
einziges
Mal
und
dann
in
dir
weiterleben

Schönster Traum

Du
mein Leben
und
mein Tod
du
ohne Hindernis
und
ohne Verbot
du
ohne Zeit
und
ohne Raum
du
meiner Seele
schönster Traum

I

DAS VOLLKOMMENE GLÜCK

Suchst du Liebe?

Was für eine Frage!

Jeder Mensch sucht Liebe.

Aber Liebe ist nicht gleich Liebe.

Ich meine die einzig wahre Liebe- die Liebe, für die du dein Leben geben würdest.

Wenn ich mein Leben dafür gebe, lerne ich die wahre Liebe ja nicht mehr kennen.

Natürlich musst du dich nicht sofort verabschieden.

Ein paar Momente des Glücks werden dir gegönnt- und das Wissen, denjenigen gefunden zu haben, zu dem du immer gehören wirst und den du dein Leben lang gesucht hast.

Aber wie kann ich zu jemandem gehören, ohne zu leben?

Das ist unabhängig von Zeit und Raum.

Es ist mehr eine Art Wissen, dass du eine andere Hälfte besitzt.

Dieses Wissen kann dir niemand mehr nehmen.

Dies ist die höchste Stufe, die man im Leben erreichen kann- das vollkommene Glück.

Es ist sehr, sehr selten und währt nur kurz.

Aber diese kurze Zeit stellt alles bisher Dagewesene in den Schatten.

Ja, für die wahre Liebe würde ich mein Leben geben- für ein paar Momente vollkommenen Glücks.

Das hört sich sehr verlockend an.

Bedenke, dass du dieses Versprechen in dem Moment bereuen könntest, in dem du endlich glücklich bist, ohne dieses Glück lange auskosten zu dürfen.

Der Preis ist mir nicht zu hoch.

Lieber nur ein paar Momente grenzenlos glücklich sein, als nie wirklich geliebt zu haben.

Wenn es soweit ist, musst du dein Versprechen auch einlösen.

Es gibt dann kein Zurück mehr.

Das werde ich tun.

II

GESUCHT UND GEFUNDEN

Ich suche dich.

Ich fühle eine unbestimmte Sehnsucht in mir.

Ich suche dich.

Ich habe eine Ahnung dessen, was alles sein könnte.

Ich suche dich.

Ich habe eine ganz bestimmte Vorstellung von dir.

Ich suche dich.

Ich habe Schwierigkeiten, dich zu finden.

Ich suche dich.

Ich habe eine Spur von dir entdeckt.

Ich suche dich.

Ich komme dir jeden Tag ein bisschen näher.

Ich suche dich.

Ich kann dich noch nicht erreichen.

Ich suche dich.

Ich gebe die Hoffnung nicht auf.

Ich suche dich.

Ich kann dich jetzt spüren.

Ich suche dich.

Ich bin dir schon ganz nah.

Ich habe dich endlich gefunden.

Nimmst du mich in deine Arme?

Überleg dir das gut.

Wenn ich dich erst einmal in meine Arme genommen habe, gibt es kein Zurück mehr.

Du musst dich jetzt entscheiden, denn du hast mit dem Tod getanzt.

III

ZWEI VERSPRECHEN

Ich möchte so gerne viel Zeit mit dir verbringen...
Warum konnten wir uns nicht früher treffen?

Wenn wir hier herauskommen, werden wir viel Zeit für uns haben.
Das verspreche ich dir.

Ich möchte so gerne noch einmal Wärme spüren...
Warum ist es hier so kalt?

Wenn wir hier herauskommen, werden wir nie mehr frieren.
Das verspreche ich dir.

Ich möchte so gerne noch einmal den Regen auf meiner Haut spüren...
Warum sind wir hier gefangen?

Wenn wir hier herauskommen, werden wir nie mehr vor dem Regen flüchten.
Das verspreche ich dir.

Ich möchte so gerne noch einmal die Sonne sehen...

Warum sind wir hier eingeschlossen?

Wenn wir hier herauskommen, werden wir nie mehr

im Schatten stehen.

Das verspreche ich dir.

Ich möchte so gerne noch einmal das Licht sehen...

Warum ist es hier so finster?

Wenn wir hier herauskommen, werden wir nie mehr

in der Dunkelheit stehen.

Das verspreche ich dir.

Ich möchte so gerne mit dir weiterleben...

Warum war unsere gemeinsame Zeit so kurz?

Wenn wir hier nicht mehr herauskommen, werden wir

wenigstens gemeinsam sterben.

Versprich es mir.

IV

ZEITREISE

Wir haben uns schon immer gekannt.

Zum ersten Mal sah ich dich am Anfang der Zeit.

Du warst meine große Liebe.

Wir mussten uns trennen, aber nicht für immer.

Wir trafen uns in der nächsten Epoche wieder.

Wir haben uns schon immer gekannt.

Zum zweiten Mal sah ich dich viele Jahrhunderte später.

Du warst meine große Liebe.

Und wieder mussten wir uns trennen- und wieder nicht für immer.

Wir trafen uns in der nächsten Epoche wieder.

Wir haben uns schon immer gekannt.

Zum dritten Mal sah ich dich viele Jahrhunderte später.

Du warst meine große Liebe.

Und wieder mussten wir uns trennen- und wieder nicht für immer.

Wir trafen uns in der nächsten Epoche wieder.

So ging es immer weiter.

Wieder und wieder trafen wir uns.

Und immer warst du meine große Liebe.

Und immer mussten wir uns wieder trennen.

Und nun sehe ich dich wieder.

Ich erkenne dich sofort, denn du bist und bleibst meine große Liebe.

Und wieder werden wir uns trennen müssen.

Doch es wird nur ein Abschied auf Zeit sein.

Ich werde in der nächsten Epoche auf dich warten.

Und auch ein nächstes Mal werden wir uns wiedersehen.

V

VERLASSEN, DOCH NICHT VERGESSEN

Verlass mich.

Du musst deinen Weg alleine gehen.

Ich möchte dich aber nicht verlassen.

Wir gehen den Weg gemeinsam.

Verlass mich.

Ich würde dir nur im Weg stehen.

Ich möchte dich aber nicht verlassen.

Ich finde den Weg nicht alleine.

Verlass mich.

Du wirst stark genug sein, deinen eigenen Weg zu gehen.

Ich möchte dich aber nicht verlassen.

Ich fühle mich so schwach ohne dich.

Verlass mich.

Du musst dein Leben leben.

Ich möchte dich aber nicht verlassen.

Ich möchte mein Leben mit dir verbringen.

Verlass mich.

Ich kann dir nicht geben, was du brauchst.

Ich möchte dich aber nicht verlassen.

Ich möchte nicht mehr von dir haben, als du mir geben kannst.

Verlass mich.

Du kannst mit mir nicht glücklich werden.

Ich möchte dich aber nicht verlassen.

Ich kann ohne dich nicht glücklich werden.

Verlass mich.
Du wirst andere Aufgaben in deinem Leben bekommen.

Ich möchte dich aber nicht verlassen.
Du bist das Liebste, was ich habe.

Verlass mich.
Wir müssen das Liebste, was wir haben, loslassen und hergeben- wir können es nicht festhalten.

Ich möchte dich aber nicht verlassen.
Dich verlieren ist so furchtbar schwer.

Verlass mich.
Liebst du mich so sehr, dass du das schaffst?

Ich möchte dich nicht verlassen.
Aber ich sehe ein, dass es keine andere Möglichkeit gibt.

Verlass mich, aber vergiss mich nicht.

Ich verlasse dich, aber ich werde dich niemals vergessen.

In deinen Händen

Du
mein Tod
und
mein Leben
du
mein Fluch
und
mein Segen
du
mein Anfang
und
mein Ende
du
mein Schicksal
liegt
in
deinen Händen

Hätte, Wenn und Aber

Ich hätte dir
die Sterne
vom Himmel
geholt
für dich
gekreischt
und
gejohlt

Ich wäre
mit dir
gegen den Strom
geschwommen
hätte
mit dir
jeden Berg
erklommen

Ich hätte
mit dir
die letzten Weisheiten
verkündet
mich
mit
dem Teufel persönlich
verbündet

Ich hätte mich
mit Vergnügen
öffentlich
danebenbenommen
unser Geheimnis
mit
ins Grab
genommen

Ich hätte
alles
für dich
getan
wenn
du mich
nur
geliebt
hättest

Ich träume einen Traum

Ich träume einen Traum
ohne Zeit und Raum
er handelt von dir und mir
heute und hier

Ich träume einen Traum
aus der Vergangenheit
er handelt von dem Glück
das auch von Scherben übrig bleibt

Ich träume einen Traum
der sich auf die Zukunft freut
der glücklich ist
der nichts bereut

Ich träume einen Traum
der nie vergeht
der immer bleibt
der in mir lebt

So sehr

Ich liebe dich
so sehr
dass ich dich
gehenlassen
kann
weil ich dich
gehenlassen
muss

Stark und schwach

Ich
möchte
stark
genug
sein
um
dich
gehenzulassen
aber
ich
fühle
mich
so
schwach

Seelenverwandt

Du warst
mir
niemals
unbekannt
wir
sind
ganz einfach
seelenverwandt

Ich weiß
was uns
schon immer
verband
wir
sind
ganz einfach
seelenverwandt

...dass ich dich liebe

Und wenn
ich
alle Zweifel
besiege
...Wie
  sage
  ich
  dir
  nur,
  dass
  ich
  dich
  liebe?

Und wenn
ich es
immer wieder
verschiebe
...Wie
  sage
  ich
  dir
  nur,
  dass
  ich
  dich
  liebe?

Und wenn
ich mich
völlig
verbiege
...Wie
  sage
  ich
  dir
  nur,
  dass
  ich
  dich
  liebe?

Und wenn
mir
eine Ewigkeit
bliebe
...Wie
  sage
  ich
  dir
  nur,
  dass
  ich
  dich
  liebe?

Träume

Ich schenke dir
meine Träume
-Schenkst du mir
 auch deine?

Tränen

Schenk mir
deine Tränen
bei mir
sind
sie
in
guten Händen

Schicksalhaft

Ich werde
dich lieben
bis an
mein Lebensende
ich nehme
dein Schicksal
in
meine Hände

Bis...

Du bist
mein Licht
in
der Dunkelheit
der Stern
am Ende
meiner Zeit
ich gehe
mit dir
bis
ans Ende
der Welt
und bleibe
bei dir
bis
der Vorhang
fällt

So gerne

Ich
möchte
dir
so gerne
vertrauen
würde
so gerne
auf
dich
bauen
doch
was
wird
dann
mit
mir
passieren
werde
ich
wieder
alles
verlieren

Kinderträume

Ich möchte
mit dir
sein
überall und nirgendwo
meinetwegen irgendwo
wir ziehen
mit dem Wind
dorthin
wo
unsere Kinderträume
sind

Noch einmal

Lass uns
noch einmal
alles
riskieren
lass uns
noch einmal
alles
probieren
ehe wir
uns ganz
aus
den Augen
verlieren

Jede Hürde

Du bist
die Liebe
die
erst dann
richtig
beginnt
wenn man
jede Hürde
einzeln
nimmt

Leere

Mein Herz
ist leer
du fehlst mir
so sehr

Meine Seele
ist leer
ich vermisse dich
so sehr

Immer noch traurig

Immer noch
traurig
dir Lebewohl
zu sagen

Immer noch
traurig
dich verloren
zu haben

Verkehrt

Du drehst
mein Inneres
nach außen
doch
das ist
nicht schlimm
denn
dadurch
lässt du mich
so sein
wie ich bin

Wunschkind

So schön
und
so verlockend
mich
mit
dir
freuen
und
deine Tränen
trocknen
keine Freude
verpassen
dich
irgendwann
gehenlassen
ich
würde
dich
so sehr
lieben

Mein letztes Goodbye

Es
hat
keinen Sinn
mich
zu suchen
ich
habe
dir
mein letztes Goodbye
gesagt

1	Trümmer
2	Sinnlos
3	Sinnvoll
4	Meine ganze Welt
5	Wohin, woher, woher, wohin
6	Gar nicht
7	Noch mehr
8	Paradox
9	So oft
10	Zeichen der Zeit
11	Letzten Endes
12	Phänomenal
13	Wie sehr
14	Sterne
15	Wind und Stürme
16	Meine Seele
17	Du bist fort
18	Aus und vorbei
19	Deine Liebe
20	Schönster Traum
21	In deinen Händen
22	Hätte, Wenn und Aber
23	Ich träume einen Traum
24	So sehr
25	Stark und schwach
26	Seelenverwandt
27	...dass ich dich liebe
28	Träume
29	Tränen
30	Schicksalhaft
31	Bis...
32	So gerne
33	Kinderträume
34	Noch einmal
35	Jede Hürde
36	Leere
37	Immer noch traurig
38	Verkehrt
39	Wunschkind
40	Mein letztes Goodbye

I	DAS VOLLKOMMENE GLÜCK
II	GESUCHT UND GEFUNDEN
III	ZWEI VERSPRECHEN
IV	ZEITREISE
V	VERLASSEN, DOCH NICHT VERGESSEN

50 Engel-Gedanken

50 Engel-Gedanken
für
die stillen Stunden
des Lebens...

Der Engel in mir

Ich wünsche dir
einen Engel
denn
ein Engel
gibt immer Acht
auf dich
ein Engel
enttäuscht
dich nicht
ein Engel
lässt dich nie
im Stich
ein Engel
ist immer da
für dich
ich wünsche dir
einen Engel
wie mich

Hier und Heute

Vergangenheit
Gegenwart
Zukunft
verschwimmen
im
Hier
und
Heute

Andere Welt

Niemand
kann
mich
begleiten
wenn
Träume
mich
in
eine
andere
Welt
hinüberleiten

Loslassen

Sich
von
Unwesentlichem
und
Unwichtigem
trennen

Loslassen

Sich befreien

Loslassen
sich
befreien
von
Dingen
die
dich
fesseln

Loslassen
sich
befreien
und
du
wirst
frei
sein

Ruhe

Zur
Ruhe
kommen

gelassen

loslassen

Kreis

Lass
los

Schließ
den
Kreis

Eins

Meine
Seele
im
Gleichgewicht
eins
mit
mir
selbst
sein

Mitte

Schatten
werden
verschwinden
wenn
du
lernst
deine
Mitte
zu
finden

Vor dem Sturm

Einsamkeit
Stille

Genieße
die
Ruhe
vor
dem
Sturm

Ganz leise

Alles
wird
leise

Genieße
die
Stille
in
dir

Verzauberter Augenblick

Absolute
Ruhe
die
Welt
steht
still

Verzauberter
Augenblick

Dieser Moment

Dieser
Moment
der
Stille

Eins
sein
mit
mir
selbst

Auf dem Weg

Lernen
die Stille
auszuhalten
auf
dem Weg
zu dir

Allein

Auf
dem Weg
zu dir
allein
mit mir

Engelslachen

Ein Engel
ist
ganz auf
seine Weise
still
und
leise
doch
wenn
du
genau
hinhörst
hörst
du
ihn
leise
lachen

Engelsgeduld

Hab
keine Angst
ich
nehme
dich
an
die Hand
und
es
wird
dir
nichts
geschehen
denn
ich
werde
mit
dir
gehen
wohin
dein Weg
dich
auch
führt

Kein Wiedersehen

Hätte
ich
gewusst
dass
wir
uns
niemals
wiedersehen
hätte
ich
gewünscht
unser
letzter
gemeinsamer
Tag
würde
nie
enden

Nur im Traume

Ich
möchte
dich
noch
einmal
sehen
und
sei
es
nur
im
Traume

Mutig

Dir
vertrauen
im
Wissen

Liebe
macht
verwundbar

Für einen Augenblick

Die
Zeit
bleibt
für
einen
Augenblick
stehen
wenn
wir
uns
in
die
Augen
sehen

Sei

Sei
das
Instrument
für
mein
schönstes
Lied

Wunder der Liebe

Du
bist
das
Wunder
der
Liebe

Suchen

Ich
suchte
die
Liebe
in
dir
und
fand
die
Wahrheit
in
mir

Finden

Suche
das
Licht
in
dir
und
du
findest
das
Licht
in
mir

Weinen um dich

Weinen
um
die vertane Zeit
weinen
um
die vergebenen Chancen
weinen
um
die vergeblichen Avancen

Weinen
um
dich

Vergraben und ausgegraben

Wirf mir
ein Leuchten
in
die Augen
und bring
sie
zum Strahlen
es ist
alles
so tief
vergraben
in mir
doch ich
grabe es aus
wegen dir

Aus Liebe

Aus Liebe
werde
ich
mit
dir
nichts
verpassen
aus Liebe
werde
ich
dich
eines Tages
gehenlassen

Seifenblasen

Träume
zerplatzen
wie
Seifenblasen

Hellsichtig

Ich
bin
hellsichtig
und
sehe
Dinge
die
du
noch
nicht
sehen
kannst

Geblendet

Der
Blitz
schlägt
ein
und
ich
bin
geblendet
von
dir

Ich danke dir

Ich war
in einer
hoffnungslosen
Situation
doch
du hast
mich
gerettet
ohne es
zu wissen
vielleicht
auch
gar
nicht
beabsichtigt

Du kannst
nicht
wissen
was es
für
mich
bedeutet
hat
doch
du hast
das Richtige
getan
und dafür
danke ich
dir

Nur einmal

Es gibt
ein Leben
nach
einem gebrochenen Herzen
das hast
du mir
gezeigt
nur
einmal
doch
das war
genug
und ich
werde dich
nie
vergessen

Rettender Engel

Er
führt
dich
aus
der
Finsternis
in
ein
noch
unbekanntes
Land
gib
ihm
deine
Hand

Schutzengel

Ein Engel
weist dir
den Weg
er teilt
mit dir
die
hellen Tage
und
trägt dich
durch
die
dunklen Tage
er gibt
mehr
als
er zurückverlangt
er gibt
sein Leben
für dich

Begegnungen

Begegnungen
können
Angst
oder
Mut
machen

Heilsamer Schmerz

Hör
auf
dein
Herz

Heilsamer
Schmerz

Schrankenlos

Allein
mit
meinen
Gedanken
gibt
es
keine
Schranken

Grenzenlos

Alles
ist
möglich
keine
Mühe
ist
vergeblich

Leben
ist
grenzenlos

Der Sinn des Lebens

Hoffnung
ist
oftmals
vergebens
sag
worin
liegt
der
Sinn
des
Lebens

Wahrheit

Ich sehe
ich verstehe
die Wahrheit
des Seins

Dunkelheit

Der
Dunkelheit
entronnen
der
Dunkelheit
entkommen

Endlich
wieder
Sonne
auf
der
Haut
spüren

Immer wieder

Immer
wieder
nach
dunklen
Tagen
einen
neuen
Anfang
wagen

Früher oder später

Aus
dem
Schatten
in
das
Licht
treten

früher
oder
später

Licht

Vergiss
die
Vergangenheit
nicht
doch
brich
nun
auf
zu
dem
Licht

Wer und wie

Auf
die
Gefahr
hin
alles
zu
verlieren
muss
man
akzeptieren
wer
und
wie
man
ist

Schicksal

Mit
Verzweiflung
ist
jetzt
Schluss
denn
es
kommt
alles
wie
es
kommen
muss

Gelassenheit

Das
Leben
annehmen
und
hinnehmen
und
so
nehmen
wie
es
ist

Gelassenheit

Angekommen

Frieden
mit
der
Vergangenheit
schließen
gelassen
in
die
Zukunft
blicken
angekommen
in
der
Gegenwart

im
Leben

Ein Engel wie meiner

Ich wünsche dir
einen Engel
denn
ein Engel
schenkt dir
sein Lachen
und
du wirst
nie mehr
weinen
ich wünsche dir
einen Engel
wie meinen

1	Der Engel in mir
2	Hier und Heute
3	Andere Welt
4	Loslassen
5	Sich befreien
6	Ruhe
7	Kreis
8	Eins
9	Mitte
10	Vor dem Sturm
11	Ganz leise
12	Verzauberter Augenblick
13	Dieser Moment
14	Auf dem Weg
15	Allein
16	Engelslachen
17	Engelsgeduld
18	Kein Wiedersehen
19	Nur im Traume
20	Mutig
21	Für einen Augenblick
22	Sei
23	Wunder der Liebe
24	Suchen
25	Finden

26	Weinen um dich
27	Vergraben und ausgegraben
28	Aus Liebe
29	Seifenblasen
30	Hellsichtig
31	Geblendet
32	Ich danke dir
33	Nur einmal
34	Rettender Engel
35	Schutzengel
36	Begegnungen
37	Heilsamer Schmerz
38	Schrankenlos
39	Grenzenlos
40	Der Sinn des Lebens
41	Wahrheit
42	Dunkelheit
43	Immer wieder
44	Früher oder später
45	Licht
46	Wer und wie
47	Schicksal
48	Gelassenheit
49	Angekommen
50	Ein Engel wie meiner

55 Blumen-Grüße

55 bunte Gedanken
über
das Leben
-eingefangen in
 55 Blumen-Grüßen...

I

ICH SUCHTE EINEN ENGEL

Ich suchte einen Engel- meinen ganz persönlichen, nur für mich bestimmten Engel.
Ich konnte ihn lange Zeit nicht finden- sosehr ich mich auch bemühte.
Viele falsche Engel spielten ihr falsches Spiel mit mir.
Sie tarnten sich gut, doch ich habe sie alle entlarvt.
Als ich in meinem Heimatland nicht fündig wurde, begab ich mich auf eine große Reise.
Alle Länder, alle Erdteile, die ganze Welt habe ich gesehen- aber meinen Engel habe ich nicht gefunden.
Kurze Zeit vor Weihnachten kehrte ich allein und unverrichteter Dinge zurück.
Ich hatte die Hoffnung aufgegeben, meinen ganz persönlichen, nur für mich bestimmten Engel jemals zu finden.
Doch dann...

Mein Engel.
Ich habe auf der ganzen Welt nach dir gesucht.
Und dabei warst du schon die ganze Zeit hier, ganz nah bei mir.

II

DAS ALLEINSEIN

Als sie sehr jung war, dachte sie, allein nicht leben zu können.

Das Alleinsein machte ihr Angst.

Sie hatte es nicht gelernt.

Sie stürzte sich wahllos in Beziehungen- aus Angst, dass sich kein anderer Mann mehr finden würde.

Aber diese Kompromisse machten sie nicht wirklich glücklich.

Sie merkte, dass man auch in einer Beziehung sehr einsam sein kann.

Sie trennte sich wieder und wieder- um schnell eine neue, ebenso unglückliche Beziehung einzugehen.

So ging es viele Jahre.

Sie glaubte nicht mehr daran, aus diesem Teufelskreis jemals wieder herauszukommen.

Irgendwann hielt sie es einfach nicht mehr aus.

Sie brach alle Brücken hinter sich ab, um endlich zu sich selbst zu finden.

Doch erst nach und nach lernte sie, dass Einsamkeit in einer unglücklichen Beziehung schlimmer als Alleinsein sein kann.

Heute würde sie nie mehr einen solchen Kompromiss eingehen, denn sie möchte ihre schwer erkämpfte Selbständigkeit nicht mehr missen.

III

DAS WACHS

Als sie sehr jung war, dachte sie, sie sei es nicht wert,

geliebt zu werden.

Dies steckte tief in ihr drin.

Sie kam nicht dagegen an.

Auf ihrer verzweifelten Suche nach Wärme und Geborgenheit

geriet sie immer wieder an Männer, die ihr zartes Wesen zer-

brechen wollten, um sie gefügig und abhängig zu machen.

Viele Männer versuchten, ihren Widerstand zu brechen und

sie zu ändern- innerlich und äußerlich.

Sie ließ es geschehen- aus Angst, am Ende allein zu bleiben.

Sie wurde in den Händen der Männer zu Wachs.

Doch glücklich wurde sie dadurch nicht.

Sie hatte das Gefühl, sich mehr und mehr zu verleugnen.

Dies ging so weit, dass sie sich fast selbst aufgegeben hätte,

um anderen zu gefallen.

Sie konnte niemandem einen Wunsch abschlagen- wenn es

auch fast unmöglich war und ihre Kräfte überstieg, alle Wün-

sche zu erfüllen.

Doch das konnte nicht immer so weitergehen.

Erst als sie sich distanzierte und Abstand gewann, sah sie viele

Dinge wieder klarer.

Heute würde sie sich niemals mehr für einen anderen Menschen ändern.

Sie hat erkannt, dass es wichtiger ist, sich selbst treu zu bleiben und sich so zu akzeptieren, wie man ist.

IV

DIE LIEBE

"Willst du die Liebe kennen lernen?", wurde sie gefragt.

"Die einzige, große, wahre Liebe- die Liebe, für die man sterben kann?"

"Ja", antwortete sie, "dafür würde ich mein Leben geben."

Viele Männer lernte sie kennen- sie kamen und gingen.

So mancher bekundete Interesse an ihr.

"Man kann für dich nicht sterben", war immer ihre Antwort.

Und so vergingen viele Jahre.

Sie glaubte nicht mehr daran, jemals so etwas wie Liebe zu erfahren.

Doch eines Tages fand sie, wonach sie so lange gesucht hatte- es war die kürzeste und doch glücklichste Zeit ihres Lebens.

"Du bist die einzige, große, wahre Liebe- die Liebe, für die man sterben kann!", hörte sie sich sagen.

Und auch wenn sie dafür ihr Leben gab, so war der Preis doch nicht zu hoch.

V

DIE SEHNSUCHT

Auch als sie noch ein Kind war, war sie nie wirklich unbeschwert.

Sie fühlte oft ein unbestimmtes Sehnen in sich.

Sie dachte, es würde mit dem Älterwerden vergehen.

Aber das stimmte nicht.

Im Gegenteil, mit zunehmendem Alter wurde die Sehnsucht immer größer.

Sie konnte sie nicht einordnen.

Es war, als riefen fremde und doch vertraute Stimmen nach ihr.

Im Laufe ihres Lebens wurden diese Stimmen immer lauter, lauter und lauter...

Sie riefen ihren Namen, immer wieder und immer öfter.

Sie hörten gar nicht mehr auf, ihren Namen zu rufen.

Irgendwann ließ sie sich einfach fallen...und fühlte eine nie gekannte, unendliche Geborgenheit.

Und nun wusste sie, wonach sie gesucht hatte...endlich hatte sich ihre Sehnsucht erfüllt...für immer.

VI

DAS MÄDCHEN MIT DEM WEICHEN HERZEN

Es war einmal ein Mädchen, das das weichste Herz von allen Mädchen auf Erden hatte.

Niemandem konnte es einen Wunsch abschlagen- so absurd und anmaßend manche Wünsche auch waren.

Nur wurde ihm leider nichts gedankt und nichts geschenkt.

Alle nutzten es nur aus und waren ihrerseits nicht bereit, ihm in Notsituationen beizustehen.

Und wenn das Mädchen nicht vor Gram gestorben ist, lässt es sich noch heute ausnutzen.

VII

DAS MÄDCHEN MIT DEM LIEBEVOLLEN HERZEN

Es war einmal ein Mädchen, das das liebevollste Herz von allen Mädchen auf Erden hatte.

Doch viele Männer bedankten sich bestenfalls, weil sie meinten, sie bräuchten die Liebe des Mädchens nicht.

Einige wurden sogar richtig böse und jagten das Mädchen aus der Stadt.

Und wenn das Mädchen nicht vor Liebeskummer gestorben ist, versucht es noch heute vergeblich, seine Liebe an den Mann zu bringen.

VIII

DAS MÄDCHEN MIT DEM GUTEN HERZEN

Es war einmal ein Mädchen, das das beste Herz von allen Mädchen auf Erden hatte. Es achtete sehr auf innere Werte und bemühte sich, ein liebenswerter Mensch zu sein.

Doch die anderen Leute waren nur auf Äußerlichkeiten bedacht und interessierten sich nicht für Charakterstärke.

Sie wussten das Mädchen nicht zu würdigen und verurteilten es sogar.

Und wenn das Mädchen nicht vor Traurigkeit gestorben ist, wird es noch heute unterschätzt.

IX

DAS MÄDCHEN MIT DEM MUTIGEN HERZEN

Es war einmal ein Mädchen, das das mutigste Herz von allen Mädchen auf Erden hatte.

Es tanzte gerne einmal aus der Reihe und ließ sich nicht von anderen formen.

Es vertrat seine eigene Meinung, auch wenn diese anderen Menschen nicht passte.

Das war anderen Leuten ein Dorn im Auge, denn sie wollten, dass jeder Mensch in eine bestimmte Schablone passte.

Da das Mädchen sich nicht anpassen konnte, stießen sie es aus ihrem Kreis aus.

Und wenn das Mädchen nicht vor Einsamkeit gestorben ist, lässt es sich noch heute nicht verändern.

X

DAS LEBEN

Es war einmal eine junge Frau, die in den Tag hinein lebte.

Das Leben erschien ihr oft sinnlos.

Sie konnte wenig Schönes und erst recht nichts Sinnvolles darin entdecken.

Doch dann wurde die junge Frau eines Tages sehr krank.

Sie war vom Tode bedroht.

Auf einmal merkte sie, wie wertvoll das Leben ist.

Sie wollte es nicht verlieren.

Diese Erkenntnis gab ihr die nötige Kraft, um ihr Leben zu kämpfen und wieder gesund zu werden.

XI

DER ERFOLGSMENSCH

"Guten Tag, mein Name ist Erfolgsmensch.

Ich kann alles, weiß alles, schaffe alles, habe alles.

Ich habe viel Erfolg im Beruf und kann mir so gut wie alles leisten.

Aber ich fühle mich innerlich so leer...

Ich denke über mein Leben nach und frage mich, ob das alles war: Nur Erfolg, Erfolg und Erfolg?

Und dafür habe ich sämtliche Beziehungen zu anderen Menschen geopfert.

Ich hatte nur meine Karriere im Sinn.

Nun bin ich müde geworden und habe niemanden, bei dem ich mich anlehnen kann.

Doch es ist nie zu spät, mein Leben zu ändern.

Ich kehre zu meinen Wurzeln zurück.

Ich möchte kein Erfolgsmensch mehr sein.

Ich möchte verletzlich sein und Schwächen zeigen können.

Ich möchte nach Hause."

XII

DAS ERKENNEN

Nun stehe ich vor dir.

Wirst du mich erkennen?

Du schaust mich schweigend an.

Ich kann nichts lesen in deinem Blick.

Du siehst mich fragend an.

Kennen wir uns?

Erinnerst du dich nicht an mich?

Erkennst du mich nicht?

Du bist mir so vertraut.

Fühlst du das nicht auch?

Warum siehst du nicht, wer ich bin?

Wir haben uns schon immer gekannt.

Du schaust mich zweifelnd an.

Ich bin diejenige, die du immer gesucht hast.

Du siehst mich prüfend an.

Dein Blick trifft mitten in mein Herz.

Ich habe dich sofort erkannt.

Ein Blick in deine Augen genügte.

Endlich hast du mich auch erkannt.

Alles fängt wieder von vorne an.

XIII

VERZEIH MIR

Verzeih mir.

Ich werde tun müssen, was noch zu tun ist.

Auch wenn es schwer fällt.

Ich werde anderen wehtun müssen.

Es gibt keine andere Möglichkeit.

Es gibt keinen Ausweg mehr.

Zumindest ist keiner zu sehen.

Kennst du die Verzweiflung?

Die alles zerstörende, alles verschlingende?

Kennst du den Schmerz?

Den unendlich großen, alles andere auslöschenden?

Das Unvorstellbare tun?

Warum nicht?

Ich möchte nicht, dass etwas bleibt.

Ich möchte, dass nichts bleibt.

Das Nichts.

Das absolute Nichts.

Ich muss tun, was noch zu tun ist.

Auch wenn es schwer fällt.

Verzeih mir.

XIV

IHR BITTERSÜSSES LACHEN

Ich möchte, dass sie wieder lacht- nur für mich.

Da ist so eine tiefe Traurigkeit in ihr.

Ich möchte sie vertreiben.

Werde ich es schaffen?

Ich werde es wieder und wieder versuchen- mein Leben lang.

Da ist so eine tiefe Traurigkeit in ihr.

Ich möchte sie glücklich machen.

Werde ich es schaffen?

Ich werde es wieder und wieder versuchen- mein Leben lang.

Da ist so eine tiefe Traurigkeit in ihr.

Ich möchte sie wenigstens zum Lächeln bringen.

Werde ich es schaffen?

Ich werde es wieder und wieder versuchen- mein Leben lang.

Da ist so eine tiefe Traurigkeit in ihr.

Es scheint, als würde sie niemals vergehen.

Doch dann- ein erstes leises Lächeln, kaum merklich.

Ich vergewissere mich, schaue ganz genau hin.

Und sie lacht- nur für mich.

XV

SEINE SCHWACHEN STUNDEN

Es sind seine schwachen Stunden,

die ich so mag.

Es sind seine schwachen Stunden,

in denen wir uns ganz nahe sind.

Es sind seine schwachen Stunden,

die mir so wichtig sind.

Es sind seine schwachen Stunden,

die ich nie vergessen kann.

Es sind seine schwachen Stunden,

in denen ich das Leben spüre.

Es sind seine schwachen Stunden,

in denen ich an Liebe glaube.

Es sind seine schwachen Stunden,

in denen ich diesen starken Mann ganz für mich habe.

Unbeschrieben

Noch
bist
du
ein
leeres
unbeschriebenes
Blatt
meiner
Liebe
eines
unter
vielen

Nur für mich

Ich
will
dich
haben
als
was
auch
immer

Mann
Geliebter
Freund

sei
alles
aber
sei
es
für
mich

So glücklich

Ich
bin
mit
dir
in diesem Augenblick
so glücklich
dass
es
für
ein ganzes Leben
reicht

Ich
bin
mit
dir
in diesem Augenblick
so glücklich
dass
es
für
mein ganzes Leben
reicht

Etwas früher

Ich
darf
gar
nicht
darüber
nachdenken
was
wäre
wenn
wir
uns
nur
etwas
früher
getroffen
hätten

Was alles sein könnte

Ich
sehe
es
in
deinen
Augen
was
alles
sein
könnte

du
weißt
es

ich
weiß
es

was
alles
sein
könnte
du
siehst
es
in
meinen
Augen

Genau

Du
bist
genau
der
Mann
den
ich
immer
lieben
wollte

Ein bisschen zu weit

Komm
und
geh
mit
mir
ein
bisschen
zu
weit

Niemals im Leben

Wenn
ich
könnte
wie
ich
wollte
würde
ich
dich
niemals
im
Leben
loslassen

Wenn
du
nur
zu
mir
gehörtest
würde
ich
dich
niemals
im
Leben
gehenlassen

Spuren

Ich
werde
dich
für
immer
lieben
denn
du
hast
mir
die
Spuren
deiner
Liebe
in
mein
Herz
geschrieben

Woher und warum

Ich kenne dich
ich weiß nicht
woher

Du bist mir vertraut
ich weiß nicht
warum

Sag du mir
woher
warum

Für alle Zeit

Ich
habe
dir
mein
Herz
geschenkt
nun
gehört
es
dir
für
alle
Zeit

Zu Füßen

Ich
bin
so
verliebt
in
dich
merkst
du
nicht
dass
mein
Herz
dir
zu
Füßen
liegt

Beredtes Schweigen

Meine starken Gefühle
wie
kann
ich
sie
dir
zeigen
hör
einfach
auf
mein beredtes Schweigen

Deine Tränen

Ich
möchte
deine
Tränen
weinen
ich
mache
sie
zu
meinen

Dein Schatten

Ich
möchte
wie
dein
Schatten
sein
untrennbar
mit
dir
verbunden

Sternenkind

Wir fliegen
mit
dem Wind
ich
und
du
mein Sternenkind

Wir wissen nicht
wo wir
morgen sind
ich
und
du
mein Sternenkind

XVI

WEISSE BLUMEN

Erinnerst du dich?

An mich, an unsere gemeinsame Zeit?

Oder hast du mich vergessen?

Unser Kennenlernen.

Ich hätte nie gedacht, dass ich mich in dich verlieben würde!

Und dann ist es doch passiert.

Vermisst du mich?

Warum hast du mich verlassen?

Wolltest du nicht bei mir bleiben?

Unsere Trennung.

Ich hätte nie gedacht, dass ich dich so sehr vermissen würde!

Und jetzt vermisse ich dich mit jedem Tag mehr.

Du warst mein Lachen.

Ich habe mein Lachen verloren.

Werde ich dich und mein Lachen wiederfinden?

Ich habe Angst, fühle mich hilflos.

Werde ich allein zurechtkommen?

Werde ich daran zerbrechen?

Was wird sein?

Gibt es ein Licht am Ende des Tunnels?

Werden wir uns am Ende des Tunnels wiedersehen?

Ich habe erfahren, wo du jetzt bist.

Ich möchte dich besuchen.

Werde ich aufgeregt sein- wie früher?

Jetzt stehe ich hier, und die weißen Blumen zittern

in meiner Hand.

Schreiben

Das Gefühl
des Augenblicks
mit Worten
festhalten

Leere in mir

Du
bist
gegangen
und
nicht
mehr
hier
fühlst
du
diese
Leere
in
mir

Und
nun
fehlst
du
mir
so
sehr
fühlst
du
diese
Leere
in
mir

Wo?

Hier
sitze
ich
und
weine
um
deine Liebe
und
um
meine Liebe
wo
ist
sie
geblieben
unsere Liebe

Neue alte Wunden

Tränen
fließen
und
ich
zähle
seit
Stunden
die
neuen
alten
Wunden

Tränen in der Nacht

Ich
habe
oft
statt
zu
weinen
gelacht
verstehst
du
endlich
meine
Tränen
in
der
Nacht

Ängste

Was
hat
man
noch
zu
geben
so viel Elend
so viel Not
hast
du
Angst
vor
dem Leben
oder
Angst
vor
dem Tod

Der größte Schmerz

Liebe
ist
der
größte
Schmerz

dich
loslassen
müssen

dich
gehenlassen
müssen

weil
unendlich
viel
dagegen
spricht

Einmal zu viel

Ein
enttäuschter
Traum
zu
viel

Eine
enttäuschte
Hoffnung
zu
viel

Eine
enttäuschte
Liebe
zu
viel

Alles
einfach
einmal
zu
viel

Unwirklich

Träumen

Erwachen

Alles
wird
unwirklich

Die
Realität
hat
mich
wieder

Wie?

Wenn
es
wirklich
zählt
-Wie
 werde
 ich
 entscheiden?

Lautlos

Mitleid
Hilflosigkeit
...und
  Tränen
  fallen
  lautlos

Entschuldigung

...und
ich
fühle
mich
auf
einmal
so
leicht

Schönster Moment

Werde
ich
bereit
sein
für
deinen
schönsten
Moment
oder
habe
ich
dann
gerade
keinen
Sinn
dafür

Sehnen

Manchmal
im
gleißenden
Sonnenlicht
sehne
ich
mich
nach
Dunkelheit

Manchmal
im
kalten
Nebel
sehne
ich
mich
nach
Helligkeit

Licht und Schatten

Ich
komme
mir
vor
wie
eine
Blume
im
Schatten
lebend
und
sich
nach
Licht
sehnend

Beschrieben

Nun
habe
ich
dich
unverwechselbar
beschriftet
beschrieben
mit
meiner
Liebe
und
gebe
dich
nicht
mehr
her

XVII

DER KLEINE NASENBÄR TRIFFT EINEN FREUND

Der kleine Nasenbär trifft einen Freund.

Der kleine Nasenbär erzählt und erzählt und erzählt...

von der Welt, von seinen Erlebnissen, von seiner Sicht

der Dinge, und, und, und...

Er hört gar nicht mehr auf.

Stunde für Stunde, Tag für Tag, Woche für Woche.

Der andere kleine Nasenbär hört zu.

Stunde für Stunde, Tag für Tag, Woche für Woche.

Irgendwann kann er nicht mehr.

"Er interessiert sich überhaupt nicht für MICH", denkt er.

"Er braucht nur meine Ohren!"

Enttäuscht geht er davon und lässt seinen Freund allein.

Der kleine Nasenbär wird ganz nachdenklich und bekommt

ein schlechtes Gewissen.

"Ich habe ihm immer alles über MICH erzählt", denkt er.

"Nur wie es IHM geht, habe ich ihn nie gefragt."

Der kleine Nasenbär möchte das ändern.

Vielleicht kann er es wieder gutmachen, wenn er seinen

Freund das nächste Mal trifft?

XVIII

DER KLEINE NASENBÄR FÄHRT GERN AUTO

Der kleine Nasenbär fährt gern Auto.

Der kleine Nasenbär hat aber keinen Führerschein.

Fahren ohne Führerschein ist verboten und außerdem sehr gefährlich.

Daran denkt der kleine Nasenbär aber nicht.

Er fährt und fährt und fährt...

Auto fahren macht Spaß!

Er fährt weiter und fährt weiter und fährt weiter...

und vergisst zu bremsen.

Sein Auto erfasst einen anderen kleinen Nasenbären, der zufällig des Weges kommt.

Der andere kleine Nasenbär bricht sich ein Bein und muss ins Krankenhaus gebracht werden.

Der kleine Nasenbär ist darüber sehr unglücklich.

Er besucht den anderen kleinen Nasenbären und entschuldigt sich.

Er schämt sich dafür, erst dadurch, dass ein anderer kleiner Nasenbär durch seine Schuld verletzt worden ist, zur Vernunft gekommen zu sein, und verspricht, bald den Führerschein zu machen.

XIX

DAS HOCHNÄSIGE SCHWEINCHEN

Das hochnäsige Schweinchen geht seines Weges.

Es trifft auf ein anderes Schweinchen.

"Hallo, möchtest du mit mir einen Spaziergang machen?",
fragt das andere Schweinchen.

"Aber nein, das ist mir nicht gut genug!", antwortet das
hochnäsige Schweinchen, rümpft die Nase und trägt sie
noch ein bisschen höher.

Das hochnäsige Schweinchen geht seines Weges.

Es trifft auf zwei andere Schweinchen.

"Hallo, möchtest du mit uns Pilze suchen?",
fragen die anderen Schweinchen.

"Aber nein, das ist mir nicht gut genug!", antwortet das
hochnäsige Schweinchen, rümpft die Nase und trägt sie
noch ein bisschen höher.

Das hochnäsige Schweinchen geht seines Weges.

Es trifft auf drei andere Schweinchen.

"Hallo, möchtest du mit uns ein Eis essen?",
fragen die anderen Schweinchen.

"Aber nein, das ist mir nicht gut genug!", antwortet das
hochnäsige Schweinchen, rümpft die Nase und trägt sie
noch ein bisschen höher.

Das hochnäsige Schweinchen geht seines Weges.

Mittlerweile kann es fast gar nichts mehr sehen, weil es
ja seine Nase so hoch trägt.

Es sieht natürlich auch nicht die Grube, in die es mit
Getöse hineinfällt.

Und wenn die sechs anderen Schweinchen nicht zur Stelle wären und es herauszögen...ja, dann würde es wohl noch lange in der Grube liegen und kläglich um Hilfe rufen.

Man kann also sagen, dass es Glück im Unglück hat.

Das Schweinchen lädt alle seine neuen Freunde zu einem Festessen ein und nimmt sich ganz fest vor, nie wieder ein hochnäsiges Schweinchen zu sein.

XX

DAS ÄNGSTLICHE SCHWEINCHEN

Das ängstliche Schweinchen geht seines Weges.

Es trifft auf ein anderes Schweinchen.

"Hallo, möchtest du mit mir eine Runde Schach spielen?", fragt das andere Schweinchen.

"Oh je- das geht bestimmt schief", sagt das ängstliche Schweinchen leise vor sich hin.

Und siehe da- so ist es dann auch, denn das ängstliche Schweinchen verliert haushoch.

Das ängstliche Schweinchen geht seines Weges.

Es trifft auf zwei andere Schweinchen.

"Hallo, möchtest du mit uns eine Runde Skat spielen?", fragen die anderen Schweinchen.

"Oh je- das geht bestimmt schief", sagt das ängstliche Schweinchen leise vor sich hin.

Und siehe da- so ist es dann auch, denn das ängstliche Schweinchen verliert haushoch.

Das ängstliche Schweinchen geht seines Weges.

Es trifft auf drei andere Schweinchen.

"Hallo, möchtest du mit uns eine Runde Minigolf spielen?", fragen die anderen Schweinchen.

"Oh je- das geht bestimmt schief", sagt das ängstliche Schweinchen leise vor sich hin.

Und siehe da- so ist es dann auch, denn das ängstliche Schweinchen verliert haushoch.

Das ängstliche Schweinchen geht seines Weges.
Es zieht die Schultern ein, weil es schon mit einem weiteren Fehlschlag rechnet, und sieht sehr traurig aus.
Es trifft die sechs anderen Schweinchen wieder.
"Du verlierst immer, weil du schon mit einer Niederlage rechnest", sagen die sechs anderen Schweinchen.
"Nimm dir ein Beispiel an uns- bei uns ist es genau umgekehrt!
Wir rechnen zunächst einmal mit einem Sieg- und deshalb gewinnen wir, zwar nicht immer, aber oft."
Das ängstliche Schweinchen denkt lange darüber nach
Schließlich lädt es alle seine neuen Freunde zu einem Festessen ein- und gewinnt im Schach, im Skat und sogar im Minigolf.

XXI

DAS KLEINE MÄDCHEN SUCHT EINEN FREUND

Das kleine Mädchen sucht einen Freund.

Das kleine Mädchen ist so viel allein.

Das kleine Mädchen lernt einen ersten kleinen Jungen kennen.

"Könnte dieser kleine Junge vielleicht mein Freund sein?", überlegt das kleine Mädchen.

Aber der kleine Junge mag nur rote Haare.

Also stülpt sich das kleine Mädchen eine rote Perücke auf.

Der kleine Junge freut sich.

Aber das kleine Mädchen mag sich selbst nicht mehr.

Das kleine Mädchen wird ganz traurig.

"Dieser kleine Junge ist doch nicht der richtige Freund für mich", denkt das kleine Mädchen und nimmt die rote Perücke wieder ab.

Das kleine Mädchen sucht weiter.

Das kleine Mädchen lernt einen zweiten kleinen Jungen kennen.

"Könnte dieser kleine Junge vielleicht mein Freund sein?", überlegt das kleine Mädchen.

Aber der kleine Junge mag nur schwarze Haare.

Also stülpt sich das kleine Mädchen eine schwarze Perücke auf.

Der kleine Junge freut sich.

Aber das kleine Mädchen mag sich selbst nicht mehr.

Das kleine Mädchen wird ganz traurig.

"Dieser kleine Junge ist doch nicht der richtige Freund für mich", denkt das kleine Mädchen und nimmt die schwarze Perücke wieder ab.

Das kleine Mädchen sucht weiter.

Es ahnt nicht, dass auch ein dritter kleiner Junge viel allein ist.

Dieser kleine Junge sucht eine Freundin.

"Könnte dieses kleine Mädchen vielleicht meine Freundin sein?", überlegt der kleine Junge.

Dieser kleine Junge mag das kleine Mädchen so, wie es ist.

Nun sind das kleine Mädchen und der kleine Junge gar nicht mehr traurig und allein.

XXII

DAS KLEINE MÄDCHEN UND DER GROSSE COUP

Das kleine Mädchen kann träumen.

Das ist an sich nichts Besonderes.

Aber das kleine Mädchen hat besondere Träume.

In seinen Träumen kann das kleine Mädchen in die Zukunft sehen.

Das kleine Mädchen weiß immer, was in nächster Zeit geschehen wird.

So etwas spricht sich natürlich herum.

Eines Tages kommt diese Fähigkeit auch drei Räubern zu Ohren, die einen großen Coup planen.

Die drei Räuber fürchten, dass das kleine Mädchen von diesem großen Coup träumen könnte.

Also entwickeln sie ein Gerät, mit dem sie die Träume des kleinen Mädchens messen können.

Sie beschließen, das kleine Mädchen zu entführen, falls es tatsächlich von dem großen Coup träumen sollte.

Das spricht sich wieder herum.

Es kommt auch dem kleinen Mädchen zu Ohren.

Das kleine Mädchen hat Angst.

Es traut sich nicht mehr zu schlafen.

Es könnte ja etwas träumen.

Da das kleine Mädchen nicht mehr schlafen kann, können die drei Räuber natürlich auch keine Träume messen.

Sie freuen sich.

Sie fühlen sich sicher und führen ihren großen Coup au[s]

Doch die drei Räuber haben Pech- das kleine Mädche[n]

ist genau in diesem Augenblick eingeschlafen und hat [von]

dem großen Coup geträumt.

Das kleine Mädchen alarmiert die Polizei.

Die drei Räuber werden verhaftet.

Das ist an sich ja auch schön.

Aber das kleine Mädchen hat immer noch Angst.

"Wie soll es jetzt weitergehen?", fragt es sich.

"Soll ich immer Angst vor dem Schlafen haben, weil ic[h]

ja etwas träumen könnte?"

Das kleine Mädchen soll von der Polizei eine Belohnu[ng]

für seine Hilfe bekommen.

Es hat einen Wunsch frei.

Das kleine Mädchen wünscht sich, ein ganz normales

kleines Mädchen zu sein und nicht mehr in die Zukunf[t]

sehen zu können.

Der Wunsch wird ihm erfüllt.

Nun kann das kleine Mädchen wieder unbesorgt schla[fen]

XXIII

DER KREIS

Es herrschte der Winter schon seit langer Zeit.

Er war mittlerweile so alt geworden, dass ein Nachfolger gesucht werden musste.

Der Frühling wurde zum Vorstellungsgespräch gebeten.

Der Frühling zitterte.

"Hier ist es mir zu kalt", dachte er.

Also erwärmte er die Erde und fühlte sich richtig wohl.

Es herrschte der Frühling schon seit langer Zeit.

Er war mittlerweile so alt geworden, dass ein Nachfolger gesucht werden musste.

Der Sommer wurde zum Vorstellungsgespräch gebeten.

Der Sommer fror.

"Hier ist es mir zu kühl", dachte er.

Also erwärmte er die Erde und fühlte sich richtig wohl.

Es herrschte der Sommer schon seit langer Zeit.

Er war mittlerweile so alt geworden, dass ein Nachfolger gesucht werden musste.

Der Herbst wurde zum Vorstellungsgespräch gebeten.

Der Herbst schwitzte.

"Hier ist es mir zu heiß", dachte er.

Also kühlte er die Erde ab und fühlte sich richtig wohl.

Es herrschte der Herbst schon seit langer Zeit.

Er war mittlerweile so alt geworden, dass ein Nachfolge gesucht werden musste.

Der Winter wurde zum Vorstellungsgespräch gebeten.

Der Winter bekam Hitzewellen.

"Hier ist es mir zu warm", dachte er.

Also kühlte er die Erde ab und fühlte sich richtig wohl.

Und so schließt sich der Kreis und beginnt wieder neu.

1	Unbeschrieben
2	Nur für mich
3	So glücklich
4	Etwas früher
5	Was alles sein könnte
6	Genau
7	Ein bisschen zu weit
8	Niemals im Leben
9	Spuren
10	Woher und warum
11	Für alle Zeit
12	Zu Füßen
13	Beredtes Schweigen
14	Deine Tränen
15	Dein Schatten
16	Sternenkind

17	Schreiben
18	Leere in mir
19	Wo?
20	Neue alte Wunden
21	Tränen in der Nacht
22	Ängste
23	Der größte Schmerz
24	Einmal zu viel
25	Unwirklich
26	Wie?
27	Lautlos
28	Entschuldigung
29	Schönster Moment
30	Sehnen
31	Licht und Schatten
32	Beschrieben

I	ICH SUCHTE EINEN ENGEL
II	DAS ALLEINSEIN
III	DAS WACHS
IV	DIE LIEBE
V	DIE SEHNSUCHT
VI	DAS MÄDCHEN MIT DEM WEICHEN HERZEN
VII	DAS MÄDCHEN MIT DEM LIEBEVOLLEN HERZEN
VIII	DAS MÄDCHEN MIT DEM GUTEN HERZEN
IX	DAS MÄDCHEN MIT DEM MUTIGEN HERZEN
X	DAS LEBEN
XI	DER ERFOLGSMENSCH
XII	DAS ERKENNEN
XIII	VERZEIH MIR
XIV	IHR BITTERSÜSSES LACHEN
XV	SEINE SCHWACHEN STUNDEN
XVI	WEISSE BLUMEN

XVII	DER KLEINE NASENBÄR TRIFFT EINEN FREUND
XVIII	DER KLEINE NASENBÄR FÄHRT GERN AUTO
XIX	DAS HOCHNÄSIGE SCHWEINCHEN
XX	DAS ÄNGSTLICHE SCHWEINCHEN
XXI	DAS KLEINE MÄDCHEN SUCHT EINEN FREUND
XXII	DAS KLEINE MÄDCHEN UND DER GROSSE COUP
XXIII	DER KREIS

www.ingramcontent.com/pod-product-compliance
Lightning Source LLC
Chambersburg PA
CBHW051631230426
43669CB00013B/2261